Elogios por "El Día Ocupado de la Perrita"

Praise for "*Doggy's Busy Day*"

"Siendo el abuelo de nueve, tengo constantemente a un niño pequeño sentado en mi regazo rogando por una historia. El libro "El Día Ocupado de la Perrita" de Jayne Flaagan ha sido un éxito, no sólo leyéndolo en voz alta sino también interactuando con las preguntas que proporciona. Me gustaría que todos los libros para niños usaran un formato similar. También es un gran regalo. ¡Cinco estrellas!" ~ Mike Lewis

"As the grandfather of nine, I have a young child in my lap constantly begging for a story. Jayne Flaagan's book "*Doggy's Busy Day*" has been a hit, not only reading it aloud, but interacting with the questions she provides. I wish all children's books would use a similar format. A great gift, too. Five stars!" ~ Mike Lewis

"Un dulce libro para niños que los lleva en una Aventura con Ella, la perrita. Debido al formato y a las preguntas hechas, es tan interactivo como se puede ser en un libro. Los niños pueden ir a la aventura con Ella ya que se pueden ver a sí mismos justo en la historia. Ya sea que el joven lector tenga un perro o no, este es un encantador libro que traerá alegría a muchos jóvenes corazones". ~ Christiana Caeliss, Caolas

"A sweet book for children that takes them on an adventure with Ella the dog. Because of the format and the questions asked, it as interactive as one can have in a book. Children can go on an adventure with Ella as they can see themselves right in the story. Whether the young reader has a dog or not, this is a delightful book that will bring joy to many young hearts." ~ Christiana Caeliss

"El Día Ocupado de la Perrita" por Jayne Flaagan, es un atractivo libro para niños pequeños, apoyado de fotos de su adorable perro husky. No deje que el formato simple lo engañe y piense que es una lectura pasiva. Las preguntas incluidas en cada página invitan al compromisJo y consideración por parte de los jóvenes y sus adultos lectores acompañantes las hacen relevantes a su vida propia, posiblemente extendiéndolas a conversaciones más complejas con el tiempo. Lo que es más, el libro está estructurado para llevar al perrito a través de un día normal, lo cual puede proveer una estructura de soporte paralela para el lector. Estos elementos son cruciales en el éxito del aprendizaje temprano. ¡Disfrútenlo!"
~ Donna Kim-Brand

"*Doggy's Busy Day*" by Jayne Flaagan is an appealing book for young children, supported by photos of her adorable husky dog. Don't let the simple format fool you into thinking this is a passive read. The questions embedded in each page invite engagement and consideration by the youngsters and their adult reading companions relevant to their own life, possibly extending into more complex conversations over time. What's more, the book is structured to take the doggie through a normal day, which can provide a parallel support structure for the reader. These elements are crucial in early learning success. Enjoy! ~ Donna Kim-Brand

Porque le apreciamos como lector,
Por favor acepte nuestros regalos para usted, que incluyen…

1. Un enlace para recibir un audio libro GRATIS del "Doggy's Busy Day" en inglés.

2. Páginas GRATIS de Ella para imprimir y colorear.

3. Cuando usted compra el libro en rústica de "El Día Ocupado de la Perrita", usted recibirá gratis descargar audio de este libro en Español!

www.ellathedoggy.com

Because we appreciate you as a reader,
please accept our gifts to you, which include…

1. A link to receive a FREE audio book of *"Doggy's Busy Day"* (http://ellathedoggy.com/wp-content/uploads/2016/01/DoggyFindsHerBone-audio-track.mp3)

2. FREE coloring pages of Ella to print and color (http://ellathedoggy.com/wp-content/uploads/2015/04/coloring-pagespdfapirl17pdf.pdf)

3. When you purchase the paperback book of "El Día Ocupado de la Perrita," you will receive a FREE audio download of this book in Spanish!

www.ellathedoggy.com

Derechos de autor © 2014 Jayne Flaagan Diseño de la Cubierta
© 2014 Jayne Flaagan Imágenes de Jayne Flaagan

© 2014 Jayne Flaagan Cover Design
© 2014 Jayne Flaagan, photography by Jayne Flaagan

Ninguna parte de esta publicación puede ser reproducida en su totalidad o en parte, o almacenada en un sistema de recuperación o transmitida en cualquier forma o por cualquier medio, electrónico, mecánico, fotocopia, grabación o cualquier otro, sin el permiso escrito del autor.

No part of this publication may be reproduced in whole or in part, or stored in a retrieval system, or transmitted in any form or by any means, electronic, mechanical, photocopying, recording or otherwise, without written permission of the author.

"El Día Ocupado de la Perrita" está dedicado a mi familia, que animó a Ella a actuar de manera exagerada para las imágenes incluidas en este libro.

"*Doggy's Busy Day*" is dedicated to my family, who helped encourage Ella to "ham it up" for the pictures included in this book.

Jayne Flaagan

Jayne Flaagan tiene alrededor de 30 años de experiencia y educación en la Educación Temprana Infantil. Ella recibe mucha alegría y satisfacción al trabajar en este género. Flaagan creció en Dakota del Norte y dio el gran salto a Minnesota hace muchos años. Ella vive con su esposo y una tontuela perrita llamada Ella. Tiene tres hijos mayores.

Jayne Flaagan has over 30 years of experience and education in Early Childhood Education. She receives much joy and satisfaction working in this genre. Flaagan grew up in North Dakota and made the big move to Minnesota many years ago. She lives with her husband and a goofy dog named Ella. She has three grown children.

El sitio web de Jayne Flaagan es: www.ellathedoggy.com.

Jayne Flaagan's web site is: www.ellathedoggy.com

Puedes contactarla en djflaagan@gra.midco.net.

You can contact her at djflaagan@gra.midco.net

Esta es la perrita Ella.

Ella tiene dos ojos. Tiene dos orejas.

Ella tiene una nariz. Ella tiene una boca.

Justo como tú.

This is Ella the Doggy.

She has two eyes. She has two ears.

She has one nose. She has one mouth.

Just like you.

Ella tiene cuatro patas y una cola.

¿Cuántas patas tienes tú?

¿Tienes una cola?

Ella has four legs and one tail.

How many legs do you have?

Do you have a tail?

Cuando Ella despierta en la mañana, ¡Ella se estira muy bien!

¿Cómo se siente cuando tú te estiras?

When Ella wakes up in the morning, she gives herself a very big stretch!

How does that feel when you stretch?

Ella tiene mucha hambre cuando
se despierta, así que
se prepara para el desayuno.

Ella está tan hambrienta
que se lame los labios.
¿Tú usas un babero
cuando comes?

Ella is very hungry when she
wakes up, so she gets
ready for breakfast.

She is so hungry,
she is licking her lips.

Do you wear a bib
when you eat?

A veces ella se sienta
y pide comida.

Ella no puede decir
"por favor" porque
los perritos no hablan.

¿Qué dices tú cuando
quieres algo?

Sometimes Ella will sit up and ask for food.

She cannot say "please" because doggies cannot talk.

What do you say when you want something?

Ella come su desayuno en un cuenco blanco.

El recipiente está todo mordido porque ella tiene dientes afilados y le gusta jugar con él.

Ella eats her breakfast from a white bowl.

The bowl is all chewed up because she has sharp teeth and she likes to play with it.

Los perritos también toman mucha agua.
Ella bebe de un cuenco azul.
¿Qué usas tú para tomar agua?

Doggies drink lots of water too.
Ella drinks from a blue bowl.
What do you use to drink water?

Ella va a dar un paseo.
¡Ella está muy emocionada!

Ella is going on a walk now.
She is very excited!

Ella ama pasear afuera en el aire fresco.

¿Qué haces tú para ejercitarte y
así crecer grande y fuerte?

She loves to walk outside in the fresh air.

What do you do to exercise
so you can grow big and strong?

Incluso cuando afuera hace frío, Ella toma un paseo.

¿Hay nieve donde vives?

Even when it is cold outside, Ella takes a walk.

Do you have snow where you live?

Después de un paseo Ella está cansada, así que duerme una siesta en el sol.

¿Tú dónde descansas?

After her walk Ella is tired, so she naps in the sun.

Where do you rest?

Ella está triste ahora.

Ella quiere tener a alguien con quien jugar.

Ella is sad right now.

She wants someone to play with.

¡Ahora Ella está feliz porque ve a un amigo!

¿Cómo se ve tu rostro cuándo estás triste?

¿Cómo se ve tu rostro cuando estás feliz?

Now Ella is happy because she sees a friend!

What does your face look like when you are sad?

How does your face look when you are happy?

Esta es Ella cuando era pequeña.

Ella está jugando con su amiga Daisy.

¿Cuáles son los nombres de tus amigos?

This is Ella when she was smaller.

She is playing with her friend Daisy.

What are the names of your friends?

A veces Ella hace picnics con sus amigos humanos.

¿Qué es lo que comes cuando haces un picnic?

Sometimes Ella has picnics with her people friends.

What do you eat when you go on a picnic?

¡Mira quién está haciendo el tonto!

¿Qué es lo que tú haces cuando actúas tontamente?

Look who is being silly!

What do you do when you act silly?

A Ella también le gusta participar en juegos.
A veces ella juega un juego llamado "Tirón de Guerra".

Ella likes to play games too.
Sometimes she plays a game called *Tug-Of-War*.

Aquí está ella jugando otro juego.
Ella tiene que encontrar la mano que sostiene la golosina.
¿Le puedes ayudar a encontrar la golosina?

Here is Ella playing another game.
She has to find the hand that holds her treat.
Can you help her find the treat?

Ella es una buena bailarina.
Tú cómo bailas?

Ella is a good dancer.
How do you dance?

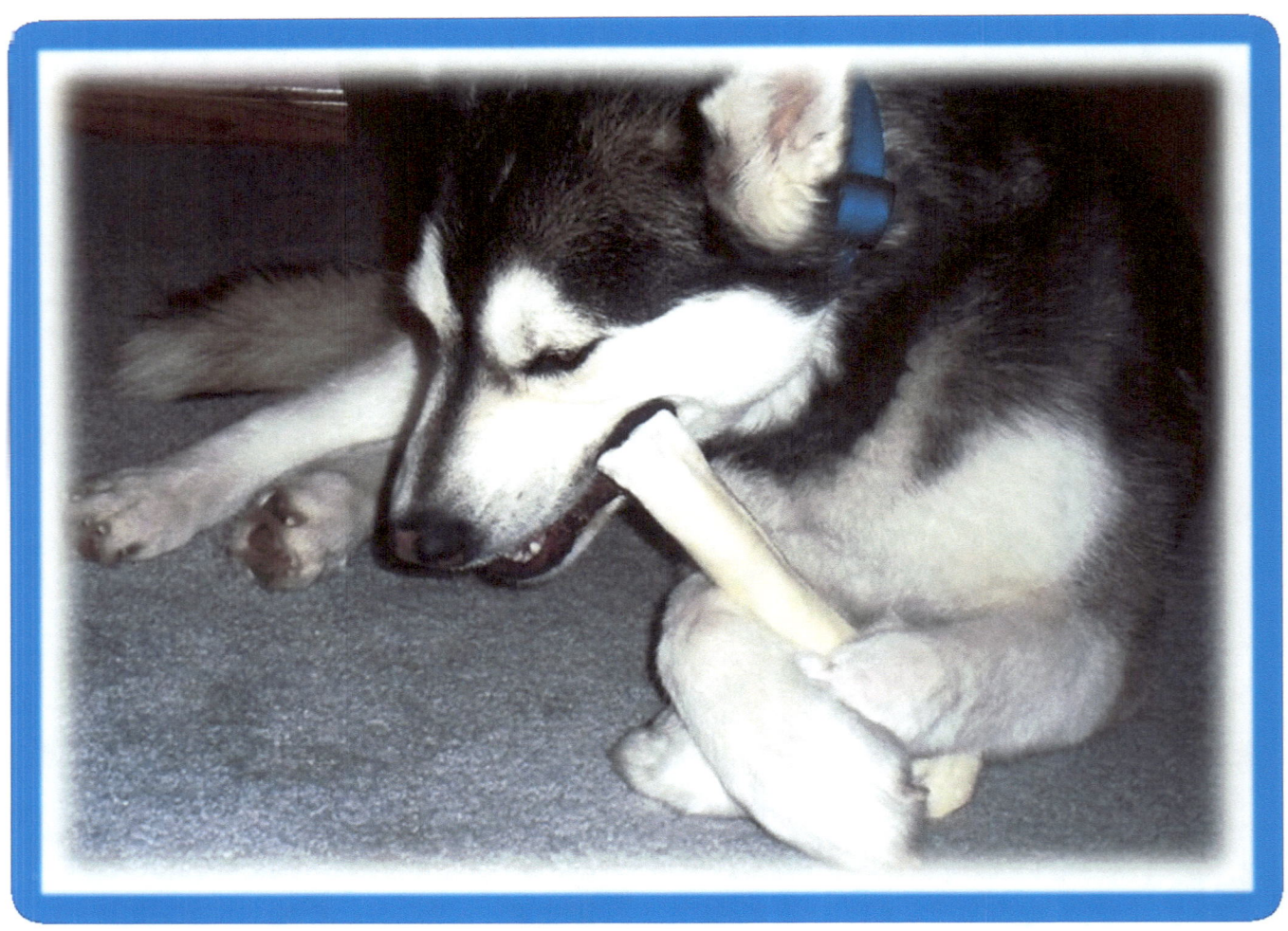

A veces Ella simplemente le gusta descansar y masticar su hueso...

Sometimes Ella just likes to rest and chew on her bone...

y a veces ella juega con su pelota.

and sometimes she plays with a ball.

A Ella le gusta dar besos a la gente...

Ella likes to give kisses to people...

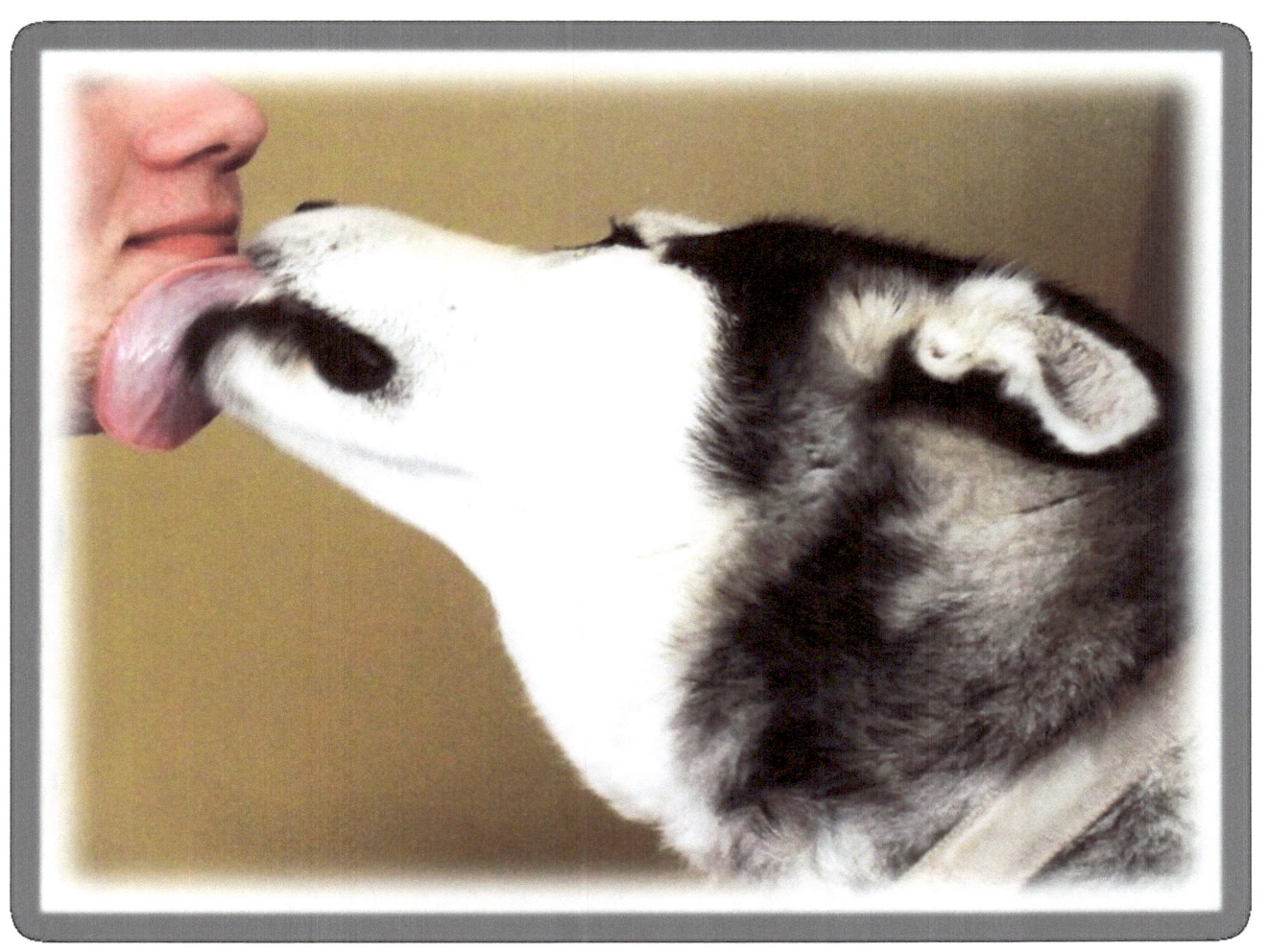

¡con su larga lengua!

with her long tongue!

A Ella también le gusta abrazar a la gente.

Ella likes to hug people too.

Hoy Ella va a dar un paseo en el coche.

¡Oh no! ¡Ella no está usando su cinturón de seguridad!

Today Ella is going for a ride in the car.

Oh no! She is not wearing a seat belt!

Cuando conoce gente nueva, Ella saluda con su pata...

When she meets new people, Ella shakes with her paw...

y ella "da los cinco" con
su patita cuando
está muy emocionada.

and she gives a
"*high five*" when
she is excited.

¿Tú saludas con una pata o con una mano?
¿Sabes cómo "dar los cinco"?

Do you shake with a paw or with a hand?
Do you know how to give "*high fives*"?

Ha sido un día muy ocupado para Ella.

It has been a very busy day for Ella.

Pero espera... ¿a dónde está yendo?

But wait...where is she going?

¡Aquí está Ella! Ella está mirando por la ventana.

Ella está pensando en todas las cosas que
la mantendrán ocupada mañana.

Here is Ella! She is looking out the window.

Ella is thinking about all of the things that
will keep her busy tomorrow.

Ella la perrita.

Ella the Doggy

Si disfrutaste "**El Día Ocupado de la Perrita**",
apreciaría muchoque dejaras una reseña en Amazon.
¡Esto ayudará también a otras familias a aprender sobre Ella la perrita!
También, ¡No olvides buscar los otros libros de Ella!

If you enjoyed "**Doggy's Busy Day**," I would very much
appreciate your leaving a review with Amazon.
This will help other families learn about Ella the doggy too!
Also, don't forget to look for Ella's other books!

¡Gracias!   Thank you!

Ella (la perrita) y Jayne (la autora)

Ella (the doggy) and Jayne (the author

www.ingramcontent.com/pod-product-compliance
Lightning Source LLC
Chambersburg PA
CBHW050757110526
4588CB00002B/29